JN330534

はじめての新聞学習

新聞を読んでみよう！

構成・文●古舘綾子
絵●うしろだなぎさ

童心社

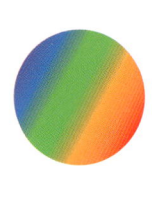

新聞スクラップのラッキー7

この本では、新聞学習のひとつ、「新聞を読む」について紹介します。
新聞を丸ごと全部読むのではなく、気にいった記事を切りぬいてノートに貼るスクラップです。
「新聞学習ってめんどうくさい〜」というひとでも大丈夫。
この本のやり方で続けると、つぎのようなラッキー7がおとずれます。

1 好きなものでいっぱいのノートが作れる

この本では、「好きな記事」のスクラップをおすすめしています。

2 好きなことの達人になれる

スクラップは分析、観察能力もきたえるので、○○（好きなことばをいれよう）マスターに！

3 読める漢字がふえる

新聞を毎日続けて読むと、知らない漢字をどんどんおぼえられるようになります。

4 プロの文章の秘密がわかる

よいお手本にふれると、文章力があがります。

5 ほかのひとの意見のポイントがわかるようになる

たくさん記事を読むので、だんだんポイントがわかるようになります！

6 コツコツが身につく

好きな記事をみつけて、毎日少しだけでも、読むくせをつけましょう。「継続は力なり」で、これは大きな才能です。

7 ほめられる！

「好きな記事をスクラップ＝新聞学習」なので、「勉強してえらい！」とほめられます。

新聞を読んでみよう！ はじめての新聞学習

もくじ

- 新聞スクラップのラッキー7 ……2
- お気に入りの新聞記事をみつけよう！ ……6

くろねこのスクラップ教室

- 続けるコツ ……10
- 道具 ……12
- ノートの法則 ……14

くろねこのお手本スクラップノート

金環日食……16

お祭り……20

サッカー……24

動物……28

天気……34

かわいい……38

ノーベル賞……42

新聞コラム
クラブで決める新聞スクラップ……32

さくいん……46

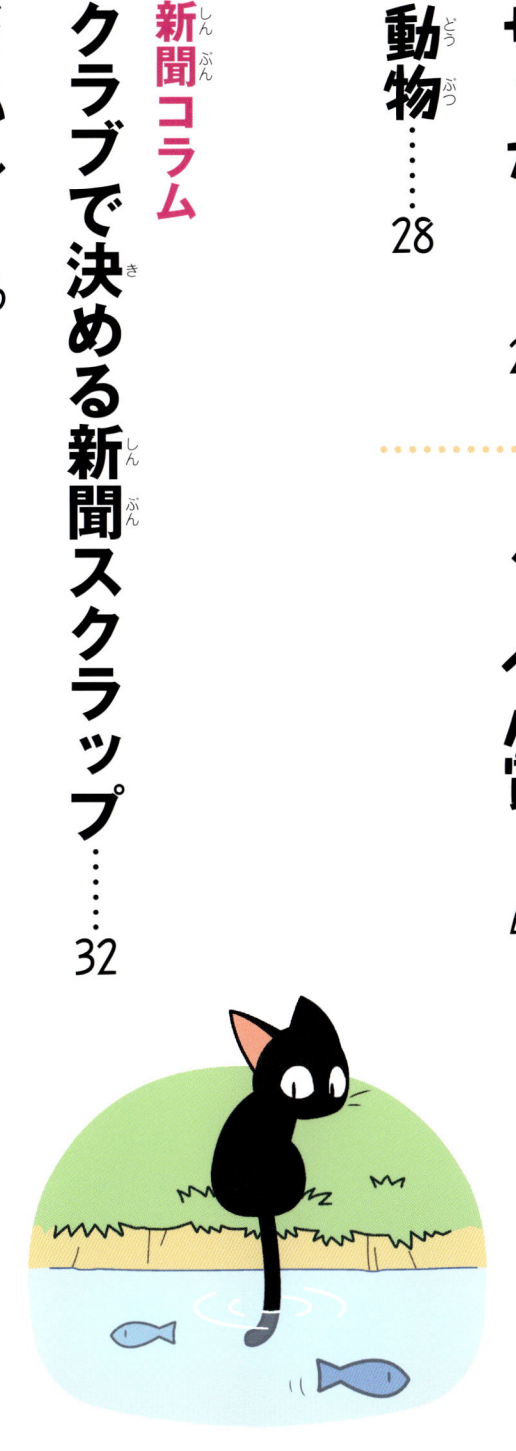

お気に入りの新聞記事をみつけよう！

ドキドキッ！新聞記事コレクター診断

あなたは、どんな記事ならスクラップが続きそう？

スタート

Q 本を読むのが好き？
- A：好き
- B：苦手〜

↑ A

Q スポーツ、旅行、アウトドアなど、体を動かすことが好き？
- A：はい！
- B：そうでもない

↓ B

Q 冒険や不思議な世界の話が好き？
- A：もちろん！
- B：もっと、現実的な話の方がいい

これをやれば、自分にぴったりの新聞記事スクラップがわかるかも。結果はつぎのページにゃ！

6

1 → A
2 → B

Q 目立ちたい？
A：オレ（私）が1番だ！
B：興味ない〜

3 → A
4 → B

Q ゲームなら、負けない？
A：達人です！
B：ときどきする程度かな

5 → A
6 → B

Q アニメ・漫画はこの世の傑作だ？
A：その通り！
B：ちょっと、物足りないかな

7 → A
8 → B

Q 夢は億万長者になること？
A：ふふふ、がっぽがっぽよ！
B：ふつうが一番

← お楽しみの診断結果はつぎのページにあるよ！

新聞には、さまざまな情報がのっています。テレビ欄や漫画はもちろん、政治、経済、スポーツ、国際情勢、事件、生活情報などのニュースだけでなく、広告ものっています。

でも、自分が興味をもつ新聞記事はなにか？　新聞学習をどこからはじめていいかわからない！　そんなひともいることでしょう。

そこで、興味を知るためのチャート図をつくりました。ものは試し！　学習の前にちょっと寄り道してみましょう。

記事コレクター？

診断結果

1 自分のペースを大切にしたい
マイブーム型ニュースコレクター

自分の時間や生活を大切にしたいあなたは、趣味に関する記事がおすすめ。
・囲碁や将棋など頭脳派ゲーム
・電車の新型モデル
・「なぜ？」を解説してくれるサイエンス面

続けていくと、1年後には、趣味の達人になれそうです。

また、生きものや宇宙などの科学に関する記事も、あなたの世界をひろげてくれそうです。

3 いろいろ見て判断したい
バランス型ニュースコレクター

身近な問題から、おどろきの事件まで、はばひろく最新の情報を集めた新聞は、バランス感覚にすぐれたあなたに、ぴったりの資料です。

社会のおもわぬ部分が事件となってあらわれる社会面や、生活のなかの「なるほど！」がつまったくらし面などがおすすめです。経済面で新しいお菓子やゲーム機などの発売をチェックし、ここぞ！というときに、おねだり交渉にいかすのもいいかもしれません。

2 元気いっぱいのエネルギッシュ！
新聞記者型ニュースコレクター

いつも「おもしろいこと、ないかな？」とさがしているあなたは、好奇心旺盛で、まるで、新聞記者のようです。

ニュースとは、もともと「新しい、まだよく知られていないこと」を意味する英語。敏感なアンテナをいかし、毎日のトップニュースがのる1面や、事件についてくわしく書いてある社会面などがぴったりでしょう。

また、全力で勝利をつかむためのドラマがあるスポーツ面もおすすめです。

4 楽しみを見つけるのが得意！
ハッピー型ニュースコレクター

特別なところへ行かなくても、楽しいことはある！ということを知っているあなたは、幸せさがしの達人です。

新聞を読んで、あなたが「これは幸せだな〜」と思った記事を集める「ハッピーニュースコレクター」になってみては、どうでしょう。

まずは、スポーツの感動記事や小学生お手柄！の記事、マグロ豊漁！の記事などがのる、くらし面やスポーツ面からはじめてみてください。

お楽しみ診断結果！

さて、みなさんの診断結果はいかがでしたか。

自分がどのニュースコレクターかわかったら、その関連記事などを1年間集めてみましょう。1日で終わる記事もあれば、ひと月続く記事、なかには1年以上も続く記事があるかもしれません。なぜ、短かったり長かったりするのか考えてみるのも学習のポイントです。

新しい情報に敏感なあなたは、新聞学習にぴったりのひとといえます。その好奇心をいかして、関心があるページをさらにめくってみましょう。

あなたはどんな新聞

7 「お得」情報はまかせて
商人型ニュースコレクター

気になる問題点をもっとも早く、楽に解決できる技はないか？ もっとたくさんのひとが、喜ぶ方法はないか？ というアンテナが発達したあなたは、商売上手な商人のよう。

地方版（地方紙）やくらし面を読みこむことで、地元や地域の問題を解決するヒーローになれるかもしれません。

また、歴史（1面、社会面）記事のスクラップを続けていけば、埋蔵金発掘！ なんてことも、あるかもしれませんよ。

5 将来の仕事になるかも？
ドリーム型ニュースコレクター

大きな夢や希望をいだくあなたは、謎やロマンが気になるタイプですね。

新聞には、まだ解明されていない歴史の謎や科学の謎の記事ものっています。もしかすると、大人になったあなた自身が、謎を解明するかもしれません。

歴史（1面、社会面）や宇宙、自然（サイエンス面）の記事をコツコツ読んでみてください。自分にぴったりの研究テーマが見つかります。

8 じつは、しぶい地元通!?
地元型ニュースコレクター

現実をじっくり見て考えるあなたは、小学生にして生活の達人です。

・短時間でできるおいしい料理のレシピ
・地元情報が充実した地方版（地方紙）
・お祭りや行事に参加する

など、実際に自分が参加できる記事を読んで、ますます生活を充実させてください。「サクラ前線北上中！」など、季節感のあるニュースがのる1面もよいでしょう。

6 豊かな感性をみがけ！
ドキドキ型ニュースコレクター

感動やおどろきを自分で味わってみたいあなたは、ドキドキ型ニュースコレクターといえそうです。

自分がやっているサッカーやバスケットなどスポーツの記事やこうなってほしいという読者の投書欄など、自分が共感できる記事を読んで、自分の感性をますますみがいてください。

むふふふ、わが輩は商人型にゃー！

かつおぶし

各面の内容：1面はその日の重大ニュース。2〜9面は経済や国際など。そのあと、オピニオン（意見）、スポーツ、文化、くらし、科学、社会など。最後がテレビ番組表。くわしくは、シリーズ1巻『新聞ってなに？』を参照。

くろねこのスクラップ教室

続けるコツ

新聞をスクラップして読もう！

スクラップってなんにゃ

その1 好きなことでいい！自分で記事を選ぶ

たとえば、「サッカーが大好きなので、1年間、サッカーの記事について新聞学習をする」と決めたとします。

1年後、新聞学習ノートをふりかえってみると、自分はサッカーのなにが好きなのかがはっきりします。

・サッカーというスポーツの試合の進め方（戦い方）が好きなのか
・ある選手が好きなのか
・パスまわしなどの技に関心があるのか

「サッカーのなにが好き？」と聞かれても、迷わず自分の考えを答えられるようになりますね。

その2　1日15分、できれば毎日1年間続けよう！

忍者は毎日毎日、成長の早い植物を飛びこえ、ジャンプ力をきたえたという話があります。なにごとも、毎日コツコツ続けることが大事です。

そのためには、1回の時間は短くても、1年間くらいは続けたいです。この本では、1回15分、できれば毎日、最低でも週1回というスケジュールをおすすめします。

自分が好きなことについて集めるのですから、ある程度の量がある方が楽しめます。また、よく調べると「○○マスター」や「○○の達人」になれるかもしれません。とにかく、1年間続けてみましょう。

1回15分のうちわけ

新聞を読んで記事を選ぶ	5分
切りぬいてはり、何を書くか考える	5分
感想を書く。わからない言葉を調べる	5分

その3　「やりたくない～」と思ったときには？

あとでふりかえってみることは、計画を立てることとの上達につながります。「がんばってる自分を確認する」ために、やった日はカレンダーに丸をつける。

「最初は一所懸命だったけど、夏休みが終わって2学期からなまけがちになった」「花が好きなので、花の記事を集めることにした。花がたくさん咲く春夏はたくさんやっているけど、花の少ない冬はやってない」「飽きるとテーマを変更している」など自分の行動パターンが、わかります。

「花のシーズンは花の記事を、冬は料理の記事にする」「飽きっぽいから3か月ごとにテーマを変える」

このように、自分ががんばれそうな案を用意して、少しだけ挑戦することが続けるポイントです。

くろねこのスクラップ教室

道具

新聞を読む学習でいちばんたいせつなのは、続けることです。そのために「気分よく続けられる工夫」をしておきましょう。

道具のセット

●道具は身近に！

せっかく新聞を読んで書くことが決まっても、それからはさみやのりをさがしていては、やる気がどこかへ行ってしまうかもしれません。道具はセットで用意しておきましょう。

●使ったあとはもとへ！

使ったあと、かならずもとへもどしておけば、つぎの時、さがさなくてすむので、作業がスムーズです。

用意するもの

スクラップブック

いろいろな大きさの記事を貼るので、少し大きめのA4サイズのノートがおすすめです。中が方眼用紙になっているとまっすぐ貼れますが、ふつうのノートでも十分です。

また、小学生新聞を購読したり、新聞社が開催するコンテストなどに応募すると、専用のスクラップブックをくれることもあります。

よく切れるはさみ

新聞は高速印刷に耐える紙質なので、丈夫です。よく切れるはさみを用意しましょう。

液体タイプののり

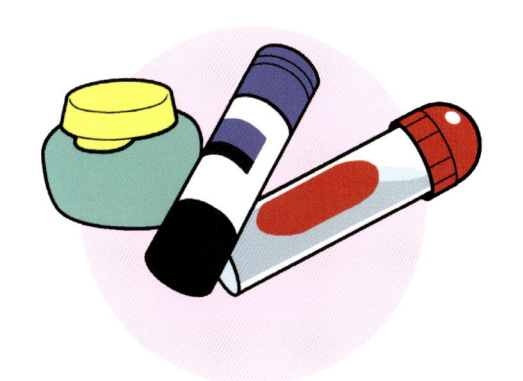

セロハンテープやマスキングテープなどでも貼ることはできますが、スクラップを続けていくとノートに厚みがでるので、のりがおすすめです。

のりには、スティックタイプや液体タイプ（水のり）などがありますが、はがれにくい液体タイプがおすすめです。

カッター

はさみで切りぬきにくい、ページのまんなかあたりの記事を切るのに、カッターが便利です。

ただし、使い方をあやまるとケガをするので、注意しましょう。また、カッターを使うときには、下にカッターマットなどをしきましょう。うっかり大事なものが切れてしまったら、たいへんです。

ゴミ箱

切りくずやビリビリになった新聞は、すみやかにゴミ箱へ。せっかく勉強していい気分になったところで、しかられるのは残念です。

あと片づけも万全にして、"気分よく続ける工夫"を自分のためにしておきましょう。

好きな道具でがんばれるにゃ

くろねこのスクラップ教室
ノートの法則

やる気がぐんぐんでる、きれいなスクラップノートにしましょう。
きれいなスクラップノートをつくるコツは、つぎの5つです。

① 新聞はきれいに切る

ビラビラ、ボロボロは汚くなるもと。
切れるはさみですっきり切ろう！

② ノートは見開きをひと単位として使う

大きい記事は折りたたんで収納。
感想や調べたことも同じページに書けば、
あとでさがさなくてよいから便利！

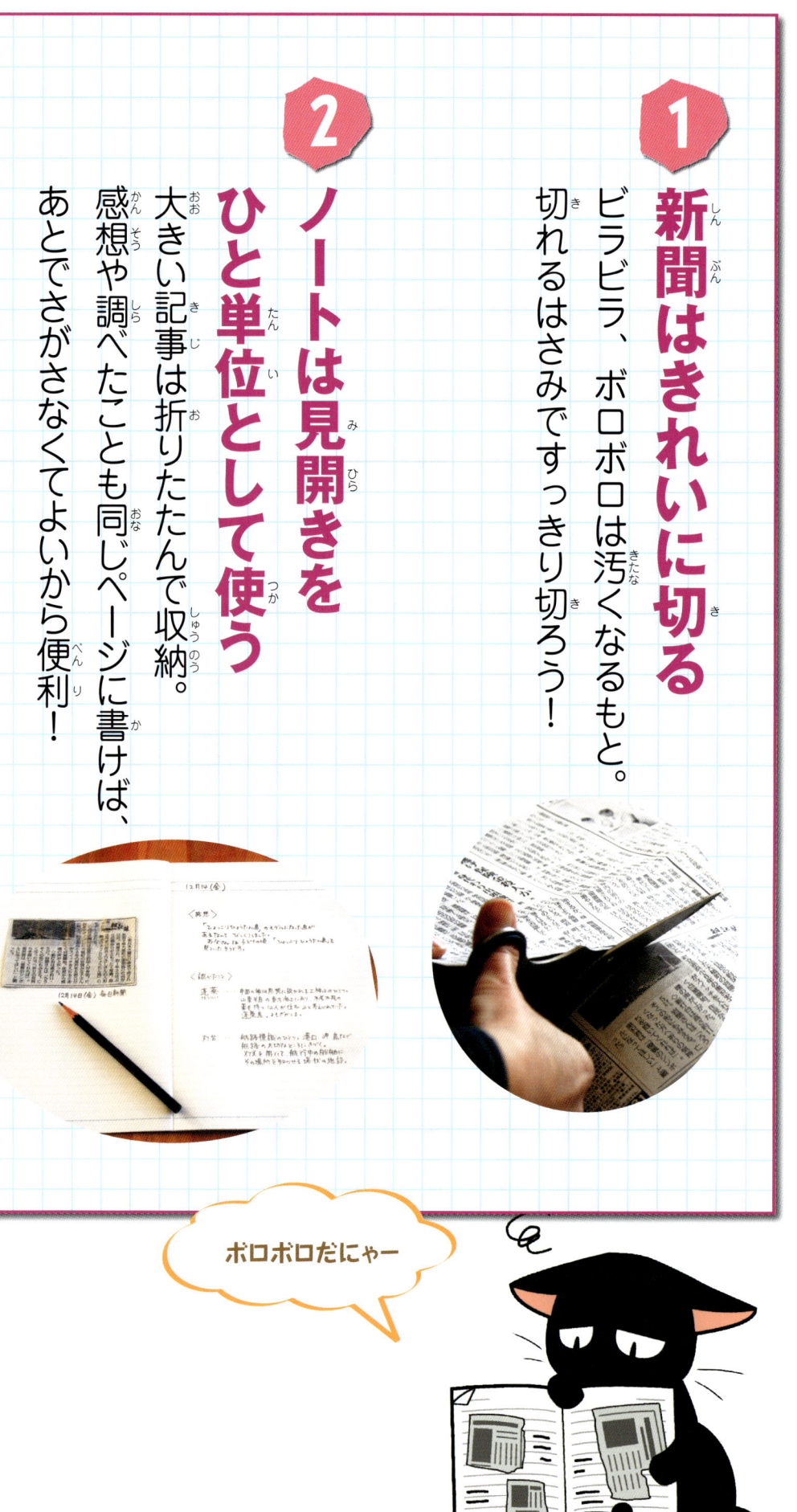

ボロボロだにゃー

③ 新聞をまっすぐ貼る

まがったものは読みにくいうえに、きれいに見えない。
自分がつくったものがきれいだと気分がいいし、やる気がでる。

④ いつ新聞学習したかを記入する

忘れないうちに、切りぬいた新聞名と日付も記入しよう。

⑤ 感想と調べたことの記入！

①〜④までが学習の準備で、ここからが勉強。といっても、最初はむりをせず、2〜3行でOK！なれてきたら、たくさん書いてみよう。

これでバッチリにゃー

くろねこのお手本スクラップノート
金環日食

〈感想〉

楽しみにしていた金環日食がありました。金環日食を実際にみて、すごく興味をもったので、スクラップしました。日本で見られるのは、1987年に沖縄で観測されて以来、25年ぶりです。ぼくの住む関東地方では、173年ぶりだったそうです。
次に金環日食が見られるのは18年後の北海道なので、行きたいです。日本中で金環日食が見られるのは300年後なので、今年見られてよかったと思いました。

〈調べたこと〉

金環日食とは……太陽と月と地球が一直線にならび、地上から見ると太陽の光が月のまわりに輪のようにみえる現象。
2012年の173年まえ：1839年、江戸時代後期。

こもれびも、輪になってるにゃ！

5月21日（月）（新聞のスクラップをした日）

2012年5月21日（月）朝日新聞夕刊
（切りぬいた新聞の名前と日付）

> お手本スクラップノートでは、「びっくり！」と思ったニュースを集めてみました。最初のスクラップは、金環日食の新聞記事です。この記事を切りぬいてスクラップし、「感想」と「調べたこと」を書いたお手本が前のページです。
> 大学ノートにスクラップすることが多いと思いますので、横書きにしましたが、縦書きでもかまいません。
> 切りとった新聞名とその日付、感想、調べたことは必ず書きましょう。

くろねこのおまけメモ　天体観測の歴史の話

　この記事は、宇宙開発の歴史や日食がおきたとき、日本や世界でなにがあったのかなど、歴史の入り口にもなりそうです。

　金環日食は、太陽が月の影にかくれる日食の一種、日蝕（蝕とは、むしばむ＝虫が食べたように欠けるという意味）とも書きます。むかしは、日食がおこるのは国のおさめ方が悪かったり、戦争や災害のまえぶれなどと考えられ、政治を左右するさわぎになることもありました。

　むかしの人びとが星や月、太陽などの運行からカレンダーを生みだしたことは、よく知られていますが、日食などの天体現象を予測するために、天文学も進歩しました。

　日本で天文学がはじまったのは、天平7（735）年、吉備真備が遣唐使として現在の中国から、最新のカレンダーや天体観測の道具を持ち帰ってからだといわれています。

　しかし、そのころは、天文学と占いがくっついていたので、現代の天文学とはずいぶんちがっていたようです。

　現在のような科学的な天体観測がおこなわれるようになったのは、それからずいぶんたった江戸時代初期、渋川春海が貞享暦を作った1685年ごろからだそうです。

前のページでは、スクラップした記事の感想と調べたことを書きました。しかし、もっと調べるといろいろなことがわかります。

そこで、このページでは、さらにくわしく調べると、こんなことがわかるという例をいくつか紹介します。

くろねこのおまけメモ 「はやぶさ」のこと、隕石のことなど

2010年に「はやぶさ」（小惑星探査機）が7年の過酷な旅を終えて帰還し、感動のニュースが伝えられました。その感動がさめぬまま、2012年には金環日食、金星の日面通過、金星食と楽しみな天文現象が続きました。そのため、2012年は"天文イヤー"とよばれました。

2012年10月29日には、月のウサギ形の模様は、巨大隕石が衝突してできたものというニュースもありました。

新聞には宇宙の話がたくさんのっています。理科の授業やプラネタリウム見学など、宇宙について勉強する機会がある小学生には、よいヒントになることもありそうです。

1年間、宇宙にまつわる記事だけをスクラップしてみるというのは、どうでしょう？　みなさんが大人になるころには、宇宙はもっと近い場所になっているかもしれません。また、これを読んでいるみなさんのなかから、宇宙飛行士や宇宙の謎を解明するひとがでるかもしれません。楽しみですね。

おまけのおまけ 天文台を作っちゃおう！の巻

国立天文台のホームページの広報普及活動のコーナーでは、すばる望遠鏡や月球儀のペーパークラフトがダウンロードできます。組み立て難易度別に数種類あり、大人も子どもも楽しめます。望遠鏡や月球儀を組み合わせて、自分だけのオリジナル天文台を作ってみましょう。

そんなことを考えながら、夏休みの工作としてじっくり取り組んでみるのもいいかもしれません。

くろねこのお手本スクラップノート

お祭り

〈感想〉

家のように大きい山ほこが気になり、スクラップにしました。
京都の祇園祭が一番盛りあがるときです。10歳の男の子が注連縄を太刀で切り落とした。とあって、ぼくもやってみたいです。

〈調べたこと〉

祇園祭……京都市東山にある八坂神社の祭礼。むかしと現代ではカレンダーがちがうので、日にちは異なる。山鉾巡行などがある。夏の疫病よけとしておこなわれた。祇園御霊会ともいう。

山鉾……祭礼のときにひいて練り歩く屋台の一種。台の上に山の形の飾りをのせ、鉾や長刀などを立てたもの。人がのって音楽を演奏したり、踊ったりすることもある。

長刀……長い柄にそりかえった刃をつけた武器。江戸時代には女性用の武器とされた。

注連縄……神をまつるなど、神聖な場所と日常生活の場などを区別するためにはる縄。神社やお正月飾りに見られる。

結界……仏道修行のために区切った場所や仏道修行の障害となるものが入ることを禁じたエリア。

7月17日(火)

豪華に厳かに ■京都・祇園祭

長刀鉾を先頭に繰り広げられた「山鉾巡行」(17日午前、京都市の四条通で)＝奥西義和撮影

京都・祇園祭の山鉾巡行が17日、京都市内であり、約16万人(午後1時現在、京都府警調べ)が豪華な懸装品で飾られた山鉾32基を堪能した。今年は、幕末に焼失し、2014年の復活を目指す大船鉾が、火災を免れたご神体である神功皇后の面を木製箱に納めて進む「唐櫃巡行」として142年ぶりに仮復帰、最後尾の33番目に加わった。

梅雨明けとなったこの日、同市は朝から強い日差しが照りつけた。気温が30・8度を記録した午前9時、先頭の長刀鉾が四条烏丸を出発。長刀鉾の稚児、■■君(10)が注連縄を太刀で切り落とし、神域との結界を解いた。重さ約10トンの鉾が交差点で90度方向転換する辻回しには、集まった観光客らから歓声が上がった。大船鉾は旗を先頭に裃姿の役員、唐櫃、囃子方ら約60人が列を組み、堂々と都大路を進んだ。大阪府茨木市の看護師、■■さん(29)は「巨大な鉾が滑るように向きを変える様子に圧倒された」と話した。

■動画はYOLで

2012年7月17日(火)読売新聞夕刊

金魚すくいや
かき氷の屋台も
出るのかにゃ

ここでは、お祭りの記事をスクラップしました。地方の特色がでるのがお祭りのポイントです。
地域によっては春夏秋冬、つまり四季それぞれにお祭りがあるところもあります。あまり有名でないお祭りは、地方版や地元の新聞(地方紙)などに紹介されたりします。

くろねこのおまけメモ　たたりの恐怖が祭りに!

　この祇園祭の記事では、祭りなど日本の信仰や文化、気候や地理などについて学べそうです。

　祇園祭は、平安時代の869年に疫病、災厄をはらうことを願って八坂神社でおこなわれるようになった祭礼です。当時は全国的に疫病の流行や富士山の噴火、盗賊があばれまわるなど、すさんだ時代でした。人びとは、これらの災いは八坂神社に祀られているスサノオノミコト、牛頭天王のたたりだと考えました。

　祇園祭は、祇園御霊会ともよばれますが、御霊会とは、政治的に無念の恨みをいだいたまま死んだひとの霊をなぐさめるための祭りです。つまり、祇園祭は「たたりを鎮める祭り」としてはじまりました。

　お神輿のルーツである山鉾は、神が地上におりてくるときの目印にしたり、おりる場所だとされています。そのため山鉾はとても神聖で、祭りのときにしか使わない、決められたひとしか乗ってはいけないなど、ていねいにあつかわれます。祇園祭が準備期間もふくめると、1か月におよぶのはそのためです。

前のページでスクラップした祇園祭は、とても伝統のある祭りだとわかりました。そこで歴史的な事柄をいろいろと調べてみたのがこのページです。なんと「たたりを鎮める」のがお祭りの由来だったとはおどろきですね。お祭りをとおして、京都の暮らしぶりも少しみることができました。

くろねこのおまけメモ 神さまお願い！

　全国のさまざまな祭りは、それぞれに理由があってはじめられました。その理由は大きくわけるとふたつあります。
　ひとつは、よい神様にきていただいて、豊作や豊漁、幸福、商売繁盛を願う祭りです。もうひとつは悪鬼や災いなど、人間にとってこまったものを鎮めるためにおこなう祭りです。
　自分たちの住む地域や都道府県には、どんな祭りがありますか？　また、それらはどんな理由ではじまったのでしょうか？　もしかしたら、地元にすごい神様仏様や妖怪伝説がひそんでいるかもしれません。

おまけのおまけ　三大○○をさがせ！の巻

　祇園祭は東京神田の神田祭、大阪の天神祭とともに「日本三大祭」とよばれます。有名なものを三つ集めた「三大○○」をさがしてみるのも、いいかもしれません。また、「わが校の三大○○」「うちのクラス三大○○」など、自分で考えると、ニュースとして発信できそうです。

三大猫模様はブチ、トラ、ミケ？

くろねこのお手本スクラップノート

サッカー

〈感想〉

この新聞は昨日の夜お父さんが持って帰ってきてくれました。自分もサッカーをしているのでこの記事にはびっくりです。ロンドンオリンピック女子は、金でなかったのは残念ですが、昨年のワールドカップ優勝にひき続き銀メダルがとれてよかったです。

〈調べたこと〉

サッカーの歴史……ギリシア、ローマ時代の壁画にも「まるいものを足でける」壁画などが残っているが、スポーツとしてはじめられたのは、1800年代のイギリス。足でけるから、「フットボール」とよばれた。世界でも「フットボール」とよぶ国のほうが多い。「サッカー」とよぶのは、日本とアメリカぐらい。理由は「ラグビーフットボール」「アメリカンフットボール」と区別するためだった。「サッカー」ということばは、1960年代ごろから使われるようなった。

日本にサッカーが伝わったのは1873年のことで、イギリス人のアーチフォールド・ルシアス・ダグラス海軍少佐が、東京築地海軍兵学校の教師として、生徒に教えたのがはじまりとされている。

8月11日（土）

毎日新聞

なでしこ 銀
1—2 米に惜敗

▽決勝
米国 2（1—0／1—1）1 日本
▽得点者【米】ロイド2（前8分、後9分）【日】大儀見（後18分）

サッカー五輪最高成績

【ロンドン大島祥平】ロンドン五輪第14日の9日、サッカー女子の決勝が行われ、日本代表（なでしこジャパン）は米国に1—2で敗れた。日本サッカー史上初の五輪金メダル獲得はならなかったが、銀メダルは男女を通じて過去最高の成績。

日本は、主将のMF宮間あやら（27）＝岡山湯郷＝やMF澤穂希（33）＝INAC神戸＝らが先発出場。2点を先取されたが、後半18分、FW大儀見優季（25）＝ポツダム＝の3試合連続得点で1点差に迫った。その後も攻め続けたが、及ばなかった。

佐々木則夫監督（54）率いる日本は1次リーグF組で初戦のカナダ戦に2—1で勝利するなど、1勝2分けの2位で通過した。

準々決勝では、04年アテネと08年北京大会銀メダルのブラジルを2—0で破った。準決勝も、フランスに2—1で競り勝ち、過去最高成績だった北京大会の4位を上回り、サッカー男女を通じて五輪初の決勝に駒を進めていた。

これまでは男子が68年メキシコ大会で銅メダルを獲得したのが唯一のメダルだった。

【米国・日本】後半、ゴールを決めた大儀見＝ロンドンのウェンブリー競技場で9日、佐々木順一撮影

2012年8月10日（金）毎日新聞号外

このスクラップ記事は、なんと「号外」です。ロンドンオリンピックでめざましい活躍を続けた「なでしこジャパン」の銀メダルを報じています。

号外は、臨時に発行する新聞のことをいいます。通勤通学時など、人通りの多い所で配られます。学校に通うみなさんが、「号外」を手に入れたら、とてもラッキーです。

25

くろねこのおまけメモ　オリンピックの父とは!?

　ロンドンオリンピックの号外の記事からは、オリンピック参加国について、オリンピックの歴史、スポーツの歴史やルールなどが、学べそうです。
　現在おこなわれているオリンピックは、フランス人貴族のクーベルタン男爵の提唱からはじまりました。肉体と精神の調和をめざす、古代ギリシアのオリンピックを理想とした教育改革をとスポーツ教育の重要性をうったえたのです。フランス国内だけでなく、広く世界によびかけ、1896年にはギリシアのアテネで第1回オリンピックが開催されました。
　以来、オリンピックは4年に一度開催され、2012年のロンドンオリンピックは30回目の大会です。
　オリンピックというよび名も、開催が4年に一度なのも、古代ギリシアのオリンピアという町でひらかれていた最高神ゼウスにささげる祭りに由来します。そのため、オリンピックは、スポーツ大会ではなく「スポーツの祭典」といいます。
　クーベルタン男爵は「近代オリンピックの父」とよばれますが、その偉業をたたえるためなのでしょう。オリンピックの決まりを定めた『オリンピック憲章』には、フランス語と英語を公式言語とするが、ちがいがあった場合はフランス語を優先すると定められています。
　オリンピックの歴史を調べると、芸術やファッションの国のイメージがあるフランスにたどりつきました。ニュースでよくみる外国には、まだまだ知らない、意外な一面があるかもしれません。

> ねこのサッカーチームは…むりにゃ

　オリンピックのスクラップ記事からは、いろいろなことが調べられそうです。上のおまけメモでは、近代オリンピックを生んだ人物の話を調べました。そのほかに古代のオリンピックはどうだったとか、種目別の歴史とか、選手の話とか、いろいろと調べられそうです。

くろねこのおまけメモ　国と地域

　2012年のロンドンオリンピックには、世界204の国と地域が参加しました。

　外務省のホームページによると、日本が国としてみとめている世界の国ぐにの数は195か国だそうです。

　日本が国としてみとめていない地域とは、国際連合加盟国である国からひとつも承認されていない地域や独立運動をしている最中の地域などです。

　さまざまな理由から国とみとめれれていない地域も参加できるオリンピックは、まさに平和の祭典です。

おまけのおまけ　名づけ親になれるかも？　の巻

　「なでしこジャパン」とは、2004年のアテネオリンピックの際に、一般公募で決まった日本女子サッカーチームの愛称です。日本女性の美しさをあらわす「大和撫子」に由来しますが、熱心にプレーするすがたは、本当にほれぼれします。

　なでしこだけでなく、日本代表チームには、さまざまな愛称があります。男子サッカーチームは「サムライ・ブルー」、男子野球は「侍ジャパン」、女子野球は「マドンナジャパン」バスケットは男女ともに「隼ジャパン」といいます。

　日本代表なので「○○ジャパン」というよび方に人気があるようですが、愛称は公募で決められることも多いので、あなたも日本代表チームの名づけ親になれるかもしれません。

くろねこのお手本スクラップノート
動物

〈感想〉

動物が好きなので、この記事にしました。同じ話題が連続してのっていました。30年以上生きているすがたが確認されないと、「絶滅種」とよばれることをはじめて知りました。

毛皮目的で乱獲されたのもかわいそうです。獲ったカワウソの毛皮はだれが着たのでしょうか？

九州ではツキノワグマが「絶滅」したといいますが、東北とか長野県では町にあらわれて、捕獲や駆除されています。クマにおそわれたニュースを聞くと怖いけど、絶滅のニュースを聞くとかわいそうになります。

〈調べたこと〉

ニホンカワウソ……イタチ科の哺乳類。体長は60〜80センチくらい。魚、エビ、カニなどを食べる。全国の川辺に生息していたが、1979年に高知県の川で目撃されたのを最後に、見つかっていない。

> 人間は、ほんとうに勝手にゃ〜
> 毛皮はやらん！（プンプン）

同じ地球にすむ仲間として、新聞にはよく動物の記事ものります。

しかし、ここでスクラップした記事は、絶滅した動物や絶滅に近い動物のニュースです。

絶滅する動物のすんでいるところがどこか、また絶滅の原因などが感想や調べごとになりそうです。そのほかに、生物多様性の問題も考えられますね。

28

8月29日（水）

ニホンカワウソ絶滅

環境省指定　昭和まで生息の哺乳類で初

昭和30～40年代に愛媛県内で撮影＝同県提供

　環境省は28日、絶滅のおそれのある野生生物を列挙した「第4次レッドリスト」を公表した。国の特別天然記念物で「絶滅危惧種」に指定されていたニホンカワウソが、30年以上生息が確認されていないとして「絶滅種」に指定された。

　既に指定されている絶滅種の哺乳類は▽オキナワオオコウモリ▽オガサワラアブラコウモリ▽エゾオオカミ▽ニホンオオカミの4種。いずれも明治時代までしか生息が確認されておらず、昭和まで生息していた哺乳類が絶滅種に指定されるのは初めて。

　ニホンカワウソは体長110㌢程度のイタチ科の哺乳類で、かつては全国の川辺に生息。しかし、毛皮を目的とした乱獲や開発による環境の悪化などで激減。正式な確認は1979年、高知県須崎市の川で見られたのが最後だ。飼育下では旧・愛媛県立道後動物園で56～69年の飼育記録がある。

　環境省は過去の調査や目撃情報を総合し、今年初めて野生下での繁殖に成功したトキは「野生絶滅」から「絶滅危惧種」への引き下げが議論されたが、国際自然保護連合（IUCN）が「5年以上の状況継続が必要」としているため現状のままとした。

　このほか哺乳類で71年に確認されて以降生息情報のないミヤコココキクガシラコウモリを「絶滅種」に指定。哺乳類以外にも鳥類1、昆虫類1、貝類1、植物2の計5種が新たに「絶滅種」に加わった。また、「絶滅のおそれのある地域個体群」に指定されていた九州地方のツキノワグマは、57年の捕獲記録を最後に生息が確認されないとして、リストから削除し「絶滅」扱いとした。

【藤野基文、比嘉洋】

指定早過ぎるのでは

　ニホンカワウソの生息調査に取り組む町田吉彦・高知大名誉教授の話　絶滅種への指定があまりにも早過ぎるのではないか。99年にカワウソのはせつ物が確認された例もある。私は今後も生息している可能性があると思って調査を続けていきたい。

2012年8月28日（火）毎日新聞夕刊

ニホンカワウソ「絶滅」九州ツキノワグマ

地元研究者ら落胆

環境が変化「保護対策を」

　環境省が28日公表した、絶滅の恐れのある野生生物を列挙した「第4次レッドリスト」で、ニホンカワウソと九州地方のツキノワグマは「絶滅」扱いとなった。生息を信じて調査を続けていた関係者の間に落胆が広がった。

【倉沢仁志、江口一、野呂賢治】

　国の天然記念物ニホンカワウソが高知県で最後に目撃されて33年。「大変残念な思いと同時に、仕方ないとの思いがある。この10年は、有力な情報はほとんどなかった。急な環境の変化についていけなかったのだろう」。絶滅危惧種の野生生物研究を行うNPO「四国自然史科学研究センター」の谷地森秀二センター長（45）は無念そうに語った。

　ニホンカワウソの確実な生息状況が確認されたのは、1979年6月に高知県須崎市の新荘川で写真撮影されたのが最後。同県はさまざまな方法で生息の確認を試みたが、発見には至らなかった。

　カワウソに詳しい高知県立のいち動物公園の絹田俊和・元園長（60）は「個人的には今はまだ現地で本格的な調査の真っ最中。判断は時期尚早だ」と憤った。

　JBNは6月、大分・宮崎県境にある祖母傾山系でツキノワグマの調査を実施。研究者や地元の猟友会ら約70人が、爪痕やふんなどの生息痕跡を探し、赤外線センサーが付いたカメラ46台を設置するなどしたが、これまでにクマと見られる生物は映っていなかった。

　栗原さんは「今後クマを目撃した人がいても『クマではない』と考え、どこにも通報しない恐れがある。調査に著しい支障が出るかもしれない」と懸念した。

　マネットワーク（JBN）の会員、栗原智昭さん（46）は「『絶滅』の発表を受け、宮崎県高千穂町で10年以上、ツキノワグマを探し続けている写真家で、日本クマ

魚を食べるニホンカワウソ＝高知県須崎市の新荘川で1979年6月、高知新聞社提供

2012年8月29日（水）毎日新聞朝刊

くろねこのおまけメモ　カワウソと戦争⁉

　この記事では、いきものの絶滅という視点から、動物の生態、環境の変化（悪化）、などをもっと調べることができそうです。

　動物の生態（大きさやどこにすんでいる、食べもの）などを調べるときは、図鑑、百科事典を使います。

　日本でどんな動物が絶滅危惧種に指定されているかは、環境省のホームページや環境省が出している『日本の絶滅のおそれのある野生生物〈改訂〉』などで確認できます（通称は「レッドデータブック」）。哺乳類、昆虫類、植物などに分類され、現在では9巻になっています。

　カワウソの乱獲は、江戸時代の終わりころに幕藩体制が廃止され、狩猟が自由になった明治時代にはじまりました。

　水をはじく良質な毛皮は、欧米など毛皮を着る習慣のある外国で高値で取引されました。また、日露戦争や第一次世界大戦など、極寒地での戦争に向かう兵士の防寒用として大量に使われました。

　経済はもちろん、戦争もカワウソ絶滅と関係がありました。

おまけのおまけ　教科書にのっているカワウソ？　の巻

　カワウソが獲物を並べるようすを、資料の本を並べて俳句を作る自分とかさねて「獺祭書屋主人」と明治の俳人、正岡子規は名のりました。正岡子規は「柿食えば鐘がなるなり法隆寺」の作者です。ベースボールを「野球」と名づけ、「直球」「打者」など、英語だった野球用語を日本語に訳したことでも知られます。

くろねこのおまけメモ　釣りをするカワウソ！

　カワウソは、ふしぎな伝承や妖怪話などにも登場します。
　「尻尾の釣り」というむかし話は、カワウソがキツネをからかい、しっぽを使った釣りを教える話です。
　真冬の寒い時期、キツネはカワウソに教えられたとおり、しっぽを水に垂らして釣りをしますが、釣れるどころかしっぽが氷りついてしまいます。あわてたキツネはむりやりしっぽを引っぱったので、しっぽが切れてしまいます。
　カワウソは全国に生息していたので、もしかすると、みなさんの地元にもむかし話や伝説がのこっているかもしれません。

> ねこのしっぽでもつれるかにゃ？

> 戦争をすれば環境が大きく破壊されますから、カワウソだけでなく、多くの動物たちにとっても戦争がたいへんな脅威になっていることがわかります。

> 新聞コラム

新聞と学校の共通点？
クラブで決める新聞スクラップ

　新聞には、ニュースだけでなく、趣味に役立ちそうな情報がたくさんのっています。

　なんだか、どこかでみたような顔ぶれではありませんか？

　これらは、学校で活動しているクラブの種類とにているのです。

　なにをスクラップしていいか迷ったときには、1年間、自分が活動しているクラブ関連の記事をスクラップしてみては、どうでしょうか？

　きれいな写真がカラーでのっていることも多いので、自分だけの写真集も作れそうです。わざが上達したり、ルールにくわしくなったり、プロのコツがわかったり、クラブ活動に役立ちますよ。

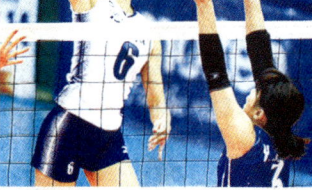

バレーボール部
東レと久光 決勝に進出

バスケットボール部

野球部

サッカー部
鋭い動き 苦境で光る
香川 今季2点目

32

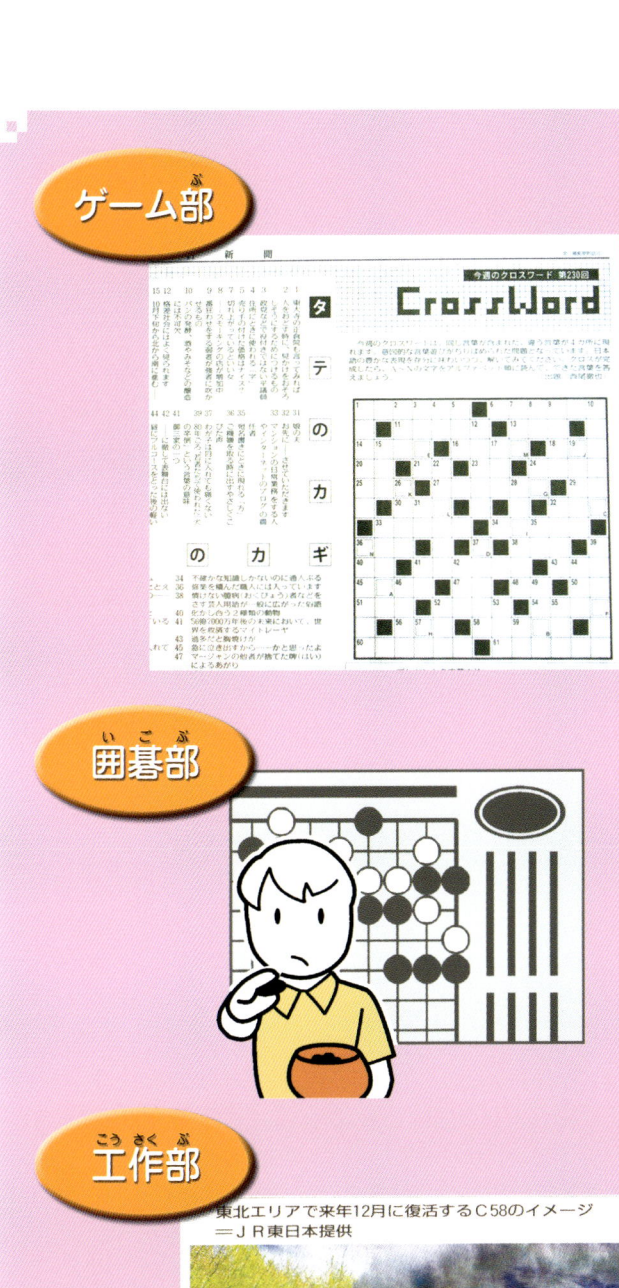

- ゲーム部
- 脳トレ部
- 将棋部
- 囲碁部
- 工作部
- 料理部
- 吹奏楽部
- 園芸部

33

くろねこの お手本 スクラップノート
天気

〈感想〉

　テレビの天気予報で台風が進む様子が流れたので、天気図でパラパラマンガができないかと思い、毎日コツコツ切りためました。9時と21時の天気図だけなのでコマがたりませんが、切りとってとじると、台風の進んでゆくようすがよくわかります。

　今年は、10月19日に低気圧になった台風21号が、日本に近づいた最後の台風のようです。

〈調べたこと〉

　台風とは……赤道近くのあたたかい海でできる低気圧を「熱帯低気圧」という。この熱帯低気圧が北西太平洋や南シナ海にあって、しだいにいきおいが強くなり、最大風速が約17m/s（秒速）をこえたものをいう。水蒸気をたくさんふくんだ雲と風のうずまきで、回転しながら進む。台風は年間26個ぐらい発生する。

　台風の「大きさ」は、強い風の範囲で決まる。
　台風の「強さ」は、台風の中心近くの風の強さで決まる。

- 大きさ：風速15m/s 以上の風の半径が
　　　　　500km以上800km未満→大型→天気予報で「大きい」という。
　　　　　800km以上→超大型→天気予報で「非常に大きい」という。

- 強さ：中心付近の最大風速が
　　　　33m/s以上〜44m/s未満→天気予報で「強い」という。
　　　　44m/s以上〜54m/s未満→天気予報で「非常に強い」という。
　　　　54m/s以上→天気予報で「猛烈な」という。

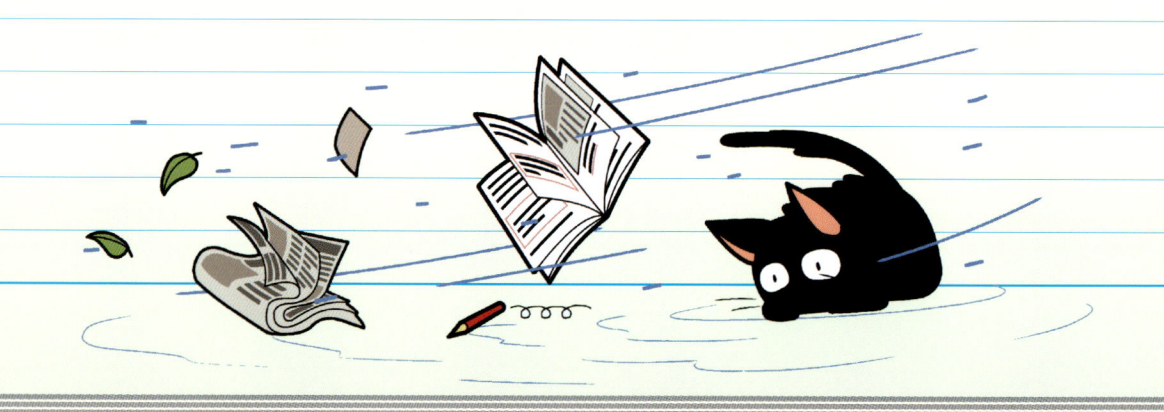

34

10月19日（金）

2012年8月12日（日）～10月19日（金）
毎日新聞

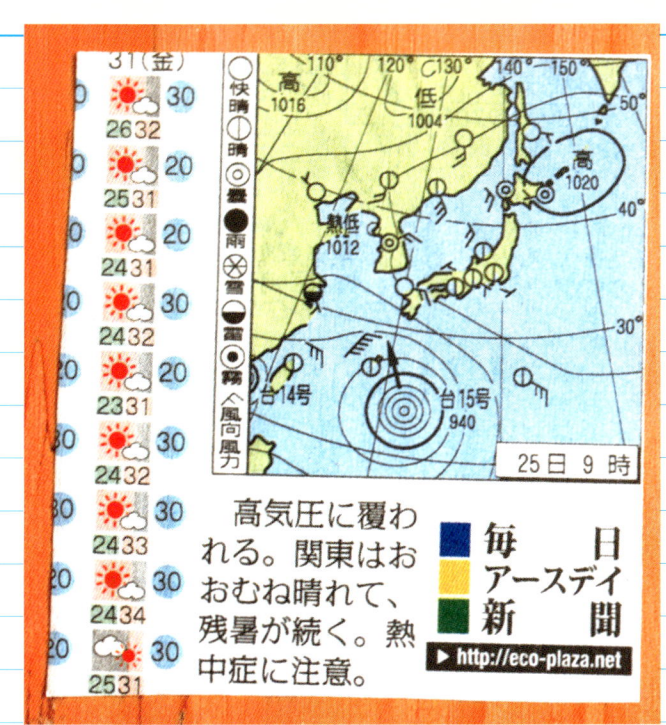

新聞から天気図を切りとる。

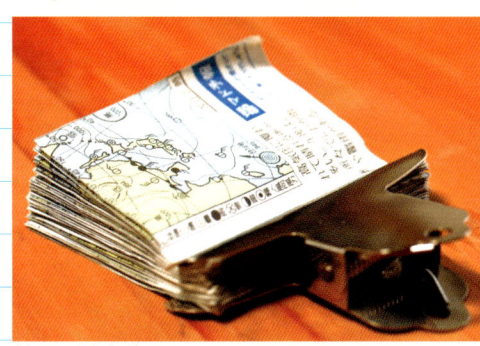

重ねた天気図をクリップでとめる。

パラパラマンガの完成。

天気図は、新聞の1面など、各紙とも目立つところにのせています。日々の天気は、わたしたちの生活に欠かせない、身近で重要な情報だということがわかります。

くろねこのおまけメモ 台風がもたらす雨はすごい！

　天気の記事からは、台風と天気の変化、世界地理、日本の水資源や防災、日本の気候について調べられます。また、パラパラマンガにするのも楽しいです。

　気象庁のホームページの子ども向けページ「はれるんランド」や科学技術振興機構の「理科ねっとわーく（一般公開版）」では、天気の変化や台風が発生する仕組みの解説だけでなく、わかりやすい動画なども見ることができます。

　台風が勢力をたもつ期間は、平均で約5日間といわれていますが、2週間近く勢力をたもつ"ご長寿台風"や24時間以内に勢力が弱くなる"あっさり消滅台風"もあるそうです。

　また、大災害の印象が強い台風ですが、わたしたちの生活に欠かせない水をもたらす「恵みの雨」という一面ももっています。日本で1年間に使用される生活用水は約161億トンといわれています。一方、ひとつの台風が日本国土に降らせる雨の量は平均で50億〜450億トンといわれています。

　外で遊べるかどうか、遠足や運動会には晴れてほしいなど、小学生とお天気は意外と深い関係があります。天気や気象は、小学生が得をする実用的な知識といえそうです。

ねこはぬれるのがだいきらいにゃー

台風が発生したときから、新聞の天気図をスクラップしてパラパラマンガにする方法は、順番に重ねればだれにでもできるので、小学校の低学年にもおすすめです。

さて、さらにくわしく調べると、台風がめぐみの雨をもたらすこともあるんですね。それと世界に目を向けると、いろいろな呼び名があることがわかります。

くろねこのおまけメモ　台風のよびかたいろいろ

　台風には、思わずだれかに話したくなる雑学がたくさんあります。
　たとえば「台風の目」。台風の目とは、台風の中心にできる、直径約20～60kmの雲が少なく風の弱い区域のことです。これは、うずの中心に強い遠心力がはたらき、雲がふきとばされてできます。気象写真にははっきり写り、ほんとうに目のように見えます。
　また、台風は世界で3つに分類され、それぞれの名でよばれます。インド洋付近で発生したものを「サイクロン」、北大西洋カリブ海、メキシコ湾で発生し、最大風速が33m/s以上のものを「ハリケーン」、北西太平洋または南シナ海で発生したものを「台風」とよびます。「ハリケーン」は、カリブ海沿岸で信じられていた暴風の神の名に由来するそうです。
　では、「台風」という名は、どうやってついたのでしょうか？　むかしの船乗りたちをとおして、中国語の「颱」と英語の「タイフーン」の音が影響し合い、現在の台風と同じような意味の「タイフーン」と「颱風」ということばが生まれたようです。そのうちの「颱風」が、江戸時代の終わりごろに日本に伝わりました。しかし、明治時代に定められた当用漢字（一般的に使う漢字のリスト）に颱の字がなかったため、台の字をあて「台風」としたそうです。それ以前の日本では、「大風」「嵐」「野分（秋から冬にふく風の意味）」とよばれていました。

おまけのおまけ　コツは、ガッチリの！巻

　新聞紙は、パラパラマンガに向かない紙ですが、大きめのクリップでガッチリはさむと、めくりやすいです。台風をマジックでマークすると見やすいです。

くろねこのお手本スクラップノート
かわいい

〈感想〉

ねこの写真がかわいかったので、スクラップしました。子ねこや子いぬなど、「かわいい」と感じるおさない動物の写真を見たあと、注意力の必要な作業をすると、能率が上がるなんて、おもしろいと思いました。
かわいい＝おさないもの（赤ちゃんや子ども）という考え方もびっくりです。
でも、実際に子ねこや子いぬがいたら、さわりたくて気になって、能率が下がると思います。
写真でよかったと思います。
人間の赤ちゃんでもいいのでしょうか？　不思議です。

〈調べたこと〉

ポップカルチャー……大衆文化。一般のひとが広く好む文化のこと。
ぼう大な人数である大衆を対象に生産、消費される文化。たとえば、映画やテレビ、アイドル文化など。

> かわいさなら
> ねこがいちばんにゃー

9月27日（木）

2012年（平成24年）9月27日（木）夕刊　4版　社会　10

「かわいい♥」で集中力アップ

広島大グループ　米科学誌に論文

子猫や子犬など、多くの人が「かわいい」と感じる幼い動物の写真を見た後、注意力が必要な作業をすると能率が上がることが、入戸野宏・広島大准教授（41）＝認知心理生理学＝のグループの研究で分かった。米科学誌「PLOS ONE」のオンライン版に27日、論文が掲載された。入戸野准教授は「『かわいい』ものが普及する心理的背景を説明するヒントになり得る」と話している。

大学生132人を対象に実験。幼い犬や猫の写真7枚を好きな順に並び替える作業をした後、ピンセットを使って小さな部品を取り出したり、不規則な数列の中から特定の数字を数えたりする作業をさせた。その結果、成功率と正答率は、写真を見る前と比べてそれぞれ平均で44％と同16％高まった。大きくなった動物の写真では成績は変わらなかった。

縫いぐるみや各地で人気を集めている「ゆるキャラ」などは、手足が短く、顔が丸いなど「幼さ」に通じるものが多い。入戸野准教授は「幼い動物や赤ちゃんなどを見ると『保護しなければならない』と感じ、注意力が高まって作業効率が上がるのではないか」と分析している。

また、日本発のポップカルチャーが世界で人気を集め、「カワイイ」も国際語になりつつある。入戸野准教授は「海外でも受け入れられるのは、『かわいい』という感情に生物学的な基盤があるからではないか」と話した。

【吉村周平】

子猫や子犬の写真を見て仕事をすれば、集中力もアップ？

2012年9月27日（木）毎日新聞夕刊

かわいい動物たちから、わたしたちが集中力をさずかっていたなんて、おどろきですね。
しかも、かわいいということばが国際的にみとめられつつあるとはまたおどろきです。
こんな意外な記事はほかにもありそうです。みなさんもぜひ、さがしてみてください。

39

くろねこのおまけメモ ドラえもんは文化大使だった

　この記事では、「かわいい」という切り口から、世界に発信（輸出）する日本、かわいいとはなにか、ひとが好きなものはなにかについて考えを深められそうです。

　国内ではもちろん、海外でも「クールジャパン（かっこいい日本のもの、というような意味）」とよばれるほど、日本の漫画やアニメ、ファッションは人気があります。2008年には、外務省がドラえもんに「アニメ文化大使」を任命というニュースもありました。これにより、英語、フランス語、スペイン語など5か国語の字幕をつけた映画「ドラえもん　のび太の恐竜2006」が制作され、2010年の3月までに、世界73都市で上映されたといいます。

　最近では、日本のアニメや漫画で日本語を勉強したり、日本に興味をもってやってくる外国人もめずらしくなくなりました。

　また、アニメや漫画をとおして芸術や文化を研究する学科が、大学や専門学校に開設されています。

　こんなことからも、未来の夢をもつことができますね！

おまけのおまけ　ゆるキャラをさがせ！の巻

　心理学によると「かわいさ」とは、手足が短く、顔がまるい、目が大きい、ふわふわしているなど、赤ちゃん的な特徴をそなえた状態だそうです。世界的に有名なキャラクター、ミッキーマウスやキティちゃん、スヌーピーなどを思い浮かべると、なんとなくわかります。

　近年、各県や町おこしの使命をもった「ゆるキャラ」が話題となっていますが、これらは"微妙なかわいさのバランス"ゆえに人気があるようです。全国のゆるキャラが一堂に集まり、その人気を競う「ゆるキャラグランプリ」が開催されるほど人気ですが、あなたの住む地域にもゆるキャラがありますか？

くろねこのおまけメモ　輸出品は時代とともに変わる

　日本の輸出の歴史は、平安時代にはじまったとされます。相手は現在の中国や韓国で、銅や硫黄などの鉱物や木材を輸出していました。中国や韓国からは、お金や陶磁器、絹織物、本など文化的な品物を買っていました。

　資源がとぼしく、石油などの燃料や工業原料の大部分を海外から輸入して、それらを加工、製品化して輸出するいまの日本の貿易とは、ずいぶんちがっていました。

　現代では、2008年まで約50年にわたり、輸出相手国ナンバーワンはアメリカでしたが、それ以降は中国となっています。中国と日本とはなんと、約2000年のお付き合いがあるのです。

> ねこも教典をねずみからまもるために、奈良時代にやってきたにゃー

くろねこのお手本スクラップノート

ノーベル賞

〈感想〉

日本人がノーベル賞を受賞し、すごいと思ってスクラップしました。iPS細胞というのは、あらゆる組織や臓器を作れるというのにも驚きました。iPS細胞が人間に使えるようになると、いままでなおらなかった病気やケガが治るようになるそうです。人間は病気で死なないようになるのかも、と思いました。
　すごいニュースなので、今日の新聞の1面だけでなく、2面、3面、5面と全部で8面にわたって記事がありました。でも、ノートにははりきれないので、1面だけにしました。

〈調べたこと〉

iPS細胞……体のさまざまな細胞になれる能力を獲得した細胞。患者本人の細胞から作るため、拒絶反応の少ない組織を作ることができ、せきずい損傷や難病の治療に使える可能性がある。再生医療の切り札として期待が大きく、世界各国ではげしい特許競争がおこなわれている。

メダルよりも
かつおぶしがいいにゃー

42

10月9日（火）

山中伸弥氏ノーベル賞

iPS細胞作成

医学生理学賞 日本人25年ぶり

「医療応用果たしたい」

スウェーデンのカロリンスカ研究所は8日、12年のノーベル医学生理学賞を、京都大iPS細胞研究所長の山中伸弥教授（50）と英ケンブリッジ大のジョン・ガードン博士（79）に授与すると発表した。授賞理由は「成熟した細胞を、多能性を持つ状態に初期化できることの発見」。山中氏は06年、マウスの皮膚細胞に4種類の遺伝子を入れることで、あらゆる組織や臓器に分化する能力と高い増殖能力を持つ「人工多能性幹細胞（iPS細胞）」を作り出すことに成功。拒絶反応の少ない再生医療や難病の仕組みの解明などにつながる革新的な功績が評価され、最初の成果が米科学誌に掲載されてから6年余りという異例のスピード受賞だ。

山中教授はこの日、午後8時から京都大で会見。

「私たちの本当の仕事はしっかり研究を進め、iPS細胞の医療応用を果たすこと。これからも本当の仕事を進めていかなければならないと思った。難病を持っている患者さんには、希望を捨てずにいてほしい」と決意を語った。

日本人の受賞は10年の鈴木章・北海道大名誉教授と根岸英一・米パデュー大特別教授の化学賞に続き快挙で、医学生理学賞の受賞は87年の利根川進・米マサチューセッツ工科大教授以来25年ぶり、2度目。日本人の受賞者数は、米国籍の南部陽一郎氏＝08年物理学賞＝を含め19人（医学生理学賞2、物理学賞7、化学賞7、文学賞2、平和賞1）となる。授賞式は12月10日にストックホルムで開かれ、賞金800万スウェーデン・クローナ（約9800万円）が両氏に半分ずつ贈られる。

やまなか・しんや 1962年大阪市生まれ。神戸大医学部卒。国立大阪病院（現・国立病院機構大阪医療センター）整形外科で臨床研修をした。89年大阪市立大大学院に進み基礎研究に転向。93年に米グラッドストーン研究所に留学、本格的に胚性幹細胞（ES細胞）の研究に取り組んだ。帰国後、大阪市立大助手を経て99年奈良先端科学技術大学院大学の助教授に就任し、04年京都大再生医科学研究所教授。08年京都大物質―細胞統合システム拠点iPS細胞研究センター長、10年には同大iPS細胞研究所の初代所長に就任した。08年ロベルト・コッホ賞、紫綬褒章、09年ラスカー賞、10年日本学士院賞・恩賜賞、京都賞など受賞多数。08年、米誌「タイム」の「世界で最も影響力のある100人」に選ばれた。家族は妻と2人の娘。

ノーベル医学生理学賞受賞が決まり、記者会見で笑顔を見せる山中伸弥教授＝京都市左京区の京都大で8日午後8時58分、森園道子撮影

人工多能性幹細胞
（induced pluripotent stem cell＝iPS細胞）

📖 体のさまざまな細胞になれる能力を獲得した細胞。山中伸弥教授らが06年にマウスの細胞で成功し、07年11月にはヒト細胞での成功を発表した。最初の「i」が小文字なのは世界中で普及している携帯音楽プレーヤー「iPod」にちなみ、山中教授自身が命名した。患者本人の細胞から作るため、拒絶反応の少ない組織を作ることができ、脊髄（せきずい）損傷や難病の治療に使える可能性がある。「再生医療の切り札」として期待が大きく、世界各国で激しい特許競争が繰り広げられている。ES細胞（胚性幹細胞）…

山中氏とガードン氏の業績

ガードン氏
アフリカツメガエル → 卵（核を除去）→ 置き換え → 別のオタマジャクシの体細胞の核 → 別のオタマジャクシのクローン

山中氏
マウス → 皮膚細胞 → 4種類の遺伝子を導入 → 成熟した細胞の初期化 → iPS細胞

ノーベル賞関連記事
- 実用化になお課題 ... 2面
- 国内外広がる研究 ... 3面
- 首相ら称賛の声 ... 5面
- 産業界に追い風 ... 6面
- 田中耕一さんと対談 ... 7面
- 挫折しても夢追い ... 24面
- 「友人、家族に感謝」 ... 25面

2012年10月9日（火）　毎日新聞　（大きい記事は新聞を折ってスクラップ）

くろねこのおまけメモ　新聞ことばの解説を利用!

　この記事からは、ノーベル賞とその受賞者、医療や医療技術や医者という仕事、世界にほこれる日本の技術などについて考えられそうです。
　iPS。この話題となっている最新のことばの意味を知りたいときは、国語辞典や百科事典より、記事のそばにのっている新聞の註が便利です。最新の研究から生まれた新しいことばなどは辞書にのっていないこともあるからです。
　新聞は義務教育卒業程度の国語の知識で読めるようになっています。わからないところは、大人に聞いてもOKです。

くろねこのおまけメモ　なぜ勉強するのか!?

　ノーベル賞は、スウェーデンの科学者アルフレッド・ノーベル（1833～1896年）の遺言によって設立されました。ノーベルは、爆発しやすく事故の多かったニトログリセリンをあつかいやすくする技術を研究し、ダイナマイトを発明したひとです。しかしノーベルは、ダイナマイトが戦争で使われたことに心をいため、「全財産で基金を設立し、人類のために最大に貢献したひとたちに、賞として贈る」と遺言しました。
　1900年にノーベル財団が設立され、1901年から医学生理学、物理学、化学、文学、平和の5つの賞を贈りはじめ、1969年には、経済学賞が加わりました。ちなみにひとつの賞に贈られる賞金は約9000万円くらいです。
　1901年の第1回ノーベル賞の受賞者は、健康診断でおなじみのレントゲンを発明したドイツの物理学者ヴィルヘルム・レントゲンです。そのときは、細菌の研究者であった北里柴三郎や野口英世も候補にあがっていましたが、おしくも受賞とはなりませんでした。ノーベル賞を受賞した研究者それぞれに多彩なエピソードがあり、「なんのために勉強するのか」「勉強とは？」という哲学的な疑問の答えにもヒントをくれそうです。

おまけのおまけ　不老不死伝説！の巻

　iPS細胞は、「不老不死」の世界へのとびらを開く研究ともいわれています。
　日本最初の歴史書である『古事記』には、垂仁天皇が「非時香菓」をとってくるために、タジマモリを常世の国に行かせたという話があります。「非時香菓」は、1年中よい香りの実がなる生命力の強い木の実という意味で、当時は不老不死の力があると考えられていました。『古事記』には「タジマモリが持ち帰った実は、いまの橘の実のことである」と書かれています。京都御所の「右近の橘」や、それを模したお雛様のかざりにあるオレンジ色の実は、このような不老不死伝説に由来します。
　和歌山県にも、不老不死にまつわる伝説があります。万里の長城をきずいた古代中国の皇帝である始皇帝は、不老不死の薬をもとめて、徐福という人物を海外に行かせました。徐福は苦労の末、不老不死の薬を手に入れ、目的をはたしました。しかし、薬を持ち帰る前に始皇帝は亡くなってしまいました。
　その後、徐福は不老不死の薬を手に入れた土地で一生を終えたと伝えられますが、その場所は、和歌山県の新宮市とも伝えられています。現在、新宮市には徐福の墓を中心とした徐福公園があり、歴史散策ができます。

> 不老不死になったら、安心して昼寝にゃ

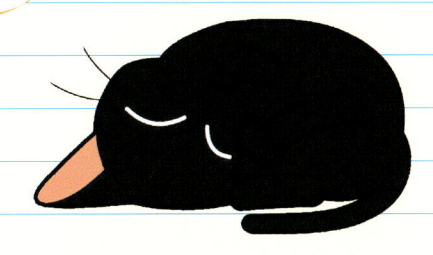

さくいん

ア行

- iPS（アイピーエス）……42、43、44
- アルフレッド・ノーベル……8、44
- 囲碁（いご）……8、33
- 1面（めん）……8、9、35
- ヴィルヘルム・レントゲン……33、44
- 園芸（えんげい）……33
- オリンピック……26、27

カ行

- 外務省（がいむしょう）……40
- 環境省（かんきょうしょう）……30
- 祇園祭（ぎおんまつり）……20、22、23
- 北里柴三郎（きたさとしばさぶろう）……44
- 吉備真備（きびのまきび）……18
- 金環日食（きんかんにっしょく）……16、17、18、19
- クーベルタン男爵（だんしゃく）……26
- くらし面（めん）……8
- 経済面（けいざいめん）……8
- ゲーム……33
- 号外（ごうがい）……25
- 工作（こうさく）……33
- 国際連合（こくさいれんごう）（国連（こくれん））……27
- 国立天文台（こくりつてんもんだい）……19

サ行

- サイエンス面（めん）……8、9
- サッカー……9、10、24、27、32
- 渋川春海（しぶかわはるみ）……18

46

ナ行

- 社会面……8、9
- 将棋……8、33
- 徐福……45
- 吹奏楽……33
- スポーツ面……8

タ行

- 台風……34、36、37
- 地方紙……9、21
- 地方版……9、21
- 天気図……34〜36
- ドラえもん……40
- なでしこジャパン……25、27
- （ニホン）カワウソ……28〜31
- 脳トレ……33
- ノーベル賞……42、44

ハ・マ行

- 野口英世……44
- バスケットボール……9、32
- はやぶさ（小惑星探査機）……19
- バレーボール……32
- 不老不死……45
- 正岡子規……30

ヤ・ラ行

- 野球……30、32
- ゆるキャラ……40
- 料理……9、11、33
- レッドデータブック……30
- ロンドンオリンピック……24〜27

構成・文
古舘綾子（ふるだて　あやこ）
1967年東京生まれ。著書に『でんでんでんしゃがやってくる』（絵・葉祥明）、『はすいけのぽん』（絵・山口マオ）岩崎書店、『いきもの歳時記（全4巻）』（絵・小林絵里子、写真・舘あきら）童心社『妖怪ぞろぞろ俳句の本』（絵・山口マオ）童心社ほか。

絵
うしろだなぎさ
北海道函館生まれ。上京し専門学校を卒業後、漫画家のアシスタントをつとめながら創作活動にはげむ。2012年少年漫画誌で新人賞を受賞、読み切り作品が掲載された。児童書では『名探偵犬バディ』シリーズ（国土社）のさし絵を担当している。

取材協力／毎日新聞社
写真協力／毎日新聞社、読売新聞社、朝日新聞社
デザイン／前原　博
編集協力／海象社

はじめての新聞学習
新聞を読んでみよう！

2013年3月30日　第1刷発行
2019年7月29日　第5刷発行
構成・文　古舘綾子
絵　　　　うしろだなぎさ
発行所　　株式会社 童心社
　　　　　〒112-0011　東京都文京区千石4-6-6
　　　　　電話　03-5976-4181（代表）
　　　　　　　　03-5976-4402（編集）
印刷所　　株式会社 光陽メディア
製本所　　株式会社 難波製本

©2013　Ayako Furudate,Nagisa Ushiroda
Published by DOSHINSHA Printed in Japan
ISBN978-4-494-01278-7

童心社ホームページ　https://www.doshinsha.co.jp/
落丁・乱丁本は、送料小社負担でお取り替えいたします。
本書の無断転載・複写はお断りいたします。
NDC070　48P　30.3×21.6cm

はじめての新聞学習シリーズ　全3巻

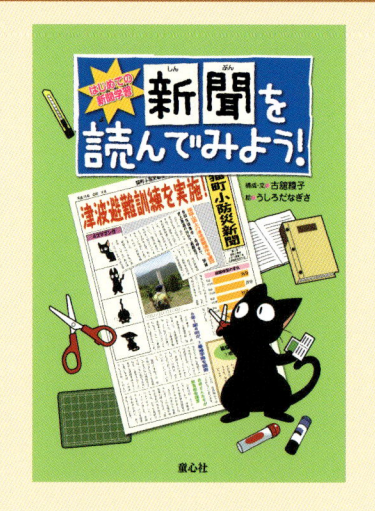

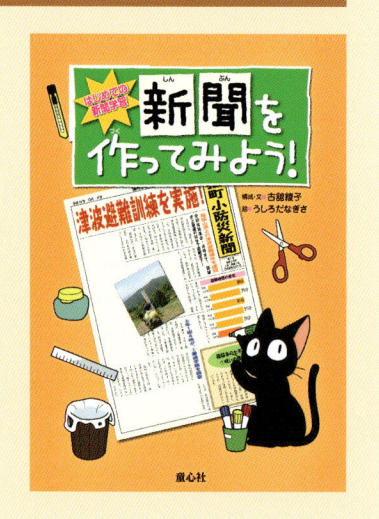

- 新聞ってなに？
- 新聞を読んでみよう！
- 新聞を作ってみよう！